꽃이 지는 문으로 피는 너

지혜사랑 309

꽃이 지는 문으로 피는 너

서호식 시집

시인의 말

아름드리나무 하나

깎고 다듬고
잘라내고 떼어내고
남은 몸통이 십자가도 되고 염주도 되었다
가구 되고 문살이 되었다

떨어져나간 조각들은 무엇이 될까
같이 나고 자라 한 몸 이었는데

붙어있는 것만 작품이 아니다
남아있는 것만 모양이 아니다
갖춰진 것만 쓸모가 되는 것도 아니다

덜어내고 잘라내고 지워낸 조각들 때문에
남은 것이 기억이 된다

일출이 일몰에서 왔는지
어둠의 끝에서 왔는지
내 서툰 가슴에서 왔는지
향기는 모든 것을 다 내주고 나서야 남기는 마지막
제 몸이다

차례

시인의 말 5

1부

간이역에 사는 사람들 12
당신이 제 철입니다 14
사랑은 혼자 두지 않는 것 15
꽃이 지는 문으로 피는 너 16
일생 18
골목 19
표정 20
외로운 것이 빛이 되는 밤 22
낮은 것은 다 둥글다 24
해 저물면 그림자 담고 달 뜨면 별빛 지고 26
아버지와 아이스크림 28
하숙집 아줌마 29
생각만으로도 살아야할 이유가 되는 사람 31
마중 33

2부

하늘의 허파가 되어 보았는가 — 36
나, 한 번도 조연처럼 살지 않았습니다 — 38
바다로 간 남자 — 40
그날 밤에 — 42
달을 깃다 — 44
기대며 스며드는 — 45
아내 — 47
그녀에게 가는 길 — 49
남편 — 50
그때의 그 애 — 51
어머니께 가는 길 — 53
마음 잇고 눈물 싣고 — 55
대문 — 57
마침표. — 58

3부

잔액이 부족합니다 — 62
반잔이면 어때 — 64
솜리역 — 66
무명저고리 — 68
단지斷指 — 70
눈 속에 핀 꽃 — 72
임산부석 — 73
美安海 — 74
눈길 — 76
합격 — 78
대작對酌 — 80
밥은 먹었어요 — 81
아파서 더 향기로운 이름 — 82
함박꽃 — 84

4부

부모를 소비하라	86
순교자	88
뻥튀기	90
섬	91
구애	92
첼로	93
한 잔 어뗘	94
한 잔	96
느린 골목	97
죄탁 비누	98
부처님 오신 날	99
너를 만나기 위해 아파도 좋다	101
여향餘響	102
부록	103

5부

너는 나의 또 다른 고향 ──────── 106
오래 가까운 여자 ──────── 108
다시 ──────── 110
가슴이 먼저 대답하는 ──────── 112
오줌발 ──────── 114
압력밥솥 ──────── 116
시선 ──────── 118
대화의 스킨십 ──────── 120
하늘은 그냥 보내지 않았어요 ──────── 121
뱃살 ──────── 123
참 생 ──────── 124
즐거운 퇴근 ──────── 126

추천의 글 • 천편일률의 가편 • 나태주 ──────── 129

1부

- 일러두기

페이지의 첫줄이 연과 연 사이의 띄어쓰기 줄에 해당할 경우 >로 표시합니다.

간이역에 사는 사람들

발이 많아서 천천히 멀리가도 지치지 않는
통일호는 어디나 서며
누구든 내려주고 아무라도 태웠다

완행열차를 통일호라고 이름 지은 것은
통일은 더디 와도 된다는 걸까

자정 너머를 깨워
간이역마다 지친 잠들이 내리고
종착역에는 부스스한 다음날이 내렸다

간이역은 가난하고 고루한 기차만 서는 곳인지
작고 더딘 사람만 내리는 역인지

내리고 싶지 않은 기차는 제 몸뚱이를
길게 철로 위에 널어두고
바람만 달려 보내기도 한다

사라진 간이역이 골목 어귀에 문을 열었다
驛시,
빨리 걷는 세상에 채인 하루살이들이 골목으로 모여든다
외롭지만 슬프지 않은 사람들이 두고 간

노고의 부스러기가 안주되고 꺼리가 되는 곳

꼬인 걸음이 되어서야 퇴근을 확인하는 후미진 간이역

오늘도 하차 시간은 연착이다

당신이 제 철입니다

계절식이 따로 있는데
때에 맞는 음식이 입맛에도 맞는데
봄동이고 냉이 열무 달래가 되어
오늘도 다른 모양
다른 맛으로 상에 오릅니다

잎 넓은 여름상추 되어 한 생을 싸고도 남을
사람
양 볼이 터지도록
맛있는
당신은 여전히 배부른 허기입니다

계절도 없이 언제나 제철인 당신

사랑은 혼자 두지 않는 것

그리움이 별처럼 내리는 밤
서로를 마주하고 앉아
그대 하루 두근두근 들어주고
내 사랑 소곤소곤 들려주며
작은 말 한마디도 토닥토닥 가슴에 다독여 넣고
나의 꽃이어서 고맙다고
나의 별이라서 행복하다고
매일 분홍빛 일기를 가슴에 여며주며
언제나 처음 마음 돋아
매일 첫사랑
날마다 끝 사랑

꽃이 지는 문으로 피는 너

겨울이 독 속에서 시어빠져 갈 때
저만치 피는 봄이 더 추운 건
시작이 어렵기 때문이다

겨울의 끝자락은 더 시리지만 냉이 향이 난다

보리 싹이 목말라서 비가 내리고
밑동이 부실해서 바람은 분다
저 길 따라 가면
봄 보다 먼저 핀
너 거기 있겠지

얼었다 녹고 또 얼고 알싸해진 봄이
더 맛있는 건 염치없는 겨울이 준 선물이다

같이 웃다보면 추위도 데워지지
돌아가기 싫을 때 쯤 옷소매를 붙잡는 너는
나를 피운 가장 아릿한 한 줄

꽃 지는 문으로 향기 홀로 서성일 때
간절한 이름 문틈 속에 다독여 넣고
가슴 한 자락 베어 틈 메꾸며

평생 두고 필 너를 본다

더디게 가라는 바람
자주 올려다보라는 하늘

봄, 그리면 다시 피는 너라는 봄

일생

아들이 아버지가 사랑한다는 걸
알게 되는 나이는
몇 살쯤일까

그가 아득해지고
아들도 굽은 어깨가 되어서야
겨우 알게 되는 건 아닐까

용서보다 맺힘이 많은 이름
아버지
도대체 그는 눈물을 알기나 하는 걸까

그의 일이 책임이라서 그런 건 아닌지

골목

언제나 들어설 때부터 그렇하다

아주 오래
부비고 부대끼고 부닥치며
길들여진
그대로를 간직한 여전함이 아릿하다

골목 어귀에서부터 끌어당겨
몸 전부를 덮고도 남을 푸근한 곳

낡고 헤져가며 지켜냈는데
멀리한 서운함도 내색하지 않고
묵묵하다

이 몸 낡고 작아져도
닮고 싶어 하고
따르고 싶어 할 이 있으려나

오래된 것이 더 가슴에 남는다면
나 그대의 오래된 골목이고 싶다

표정

눈 내리는 풍경을 찍으려고 창을 열었는데
렌즈 속으로 남편이 들어왔다
어, 보고픔이 찍혔나

창 쪽을 흘끗 올려다보고는
누군가와 통화하는 몸짓이 사뭇 심각하다
무슨 문제라도 생긴 걸까

안타까움에 셔터를 멈추고
그와 같은 표정이 되어버린다

다시 차속으로 들어가는 그
되돌아가려는 걸까
잘못된 일이라도 생겼나
달려 나가 들어줘야 되나
걱정을 다물고 궁금함만 쫓아 가는데
깊은 숨 내쉬더니
터덜터덜 눈 쌓인 주차장을 걸어오는 걸음도
온통 회색빛이다

엘리베이터 열리는 소리에
아이의 반가움이 까르르 쫓아간다

번쩍 안아 올리며
조금 전 표정은 차속에 두고 잠김 버튼을 눌렀는지
세상에서 가장 환한 얼굴을 아이 뺨에 비벼댄다

그의 뒤편으로
물음표 몇 개
느낌표 동글동글 에리고 있다

외로운 것이 빛이 되는 밤

아무리 달려도 매일 제자리인 지친 하루들이 모여든다
혼자지만 외롭지 않은 그들
앞선 이가 흘리고 간 한 마디가 포기한 가슴을 일으킨다

빗소리가 술잔 위로 떨어진다
흐릿한 불빛 어울리지 않는 낭만이 취기를 부르고
쓴 소주가 간이 맞는 밤
닭똥집 한 점 만으로도 내 주권을 행세할 수 있는 곳

내가 네 취향이 못 되고
네가 내 일상이 아닐 때
여기서만은 같은 언어를 쓰는 한 편이니
세상 게워 낼 건배를 하자

빗소리가 대작이 되고
고독이 시비꺼리가 될 때
건들대는 백열등과 하루를 주고받으며
채이고 밀려도 비겁하진 말자고
한 병 더
건너편에 앉은 꼬인 혀가 끼어든다

눈치 안 보고 비틀거리고 싶을 때

더디고 허기진 사람들이
꼬인 걸음이 되어서야 퇴근을 확인하는 곳

외로운 것들이 빛이 되는 걸 일몰 후에야 알게 된다

낮은 것은 다 둥글다

그 많은 돌들을 누가 둥글게 했나
모든 살아있는 것들은 둥글어지기 위해 아파한다
하늘을 닮아가기 위해서다

말은 할수록 뾰족해지고
돌아다닐수록 살이 쪄
오래 오물거려야 둥글어진다는 걸
가시 되어 돌아온 제 말에 찔리며 배운다

둥글어진 다음엔 작아질 일이다
작을수록 둥글고
둥글수록 낮은 곳에 있다

기도 하는 사람은 둥글게 몸을 말고
홀로 작아져 간다
가시를 갈아내는 중이다
가시는 다시 자란다
눈물이 둥근 이유다

땀이 둥글어지기 위해
몸은 얼마나 굽혔다 펴기를 반복해야만 하는지

\>
돌에 맞은 물보라는
아픈 만큼 동그라미를 더 멀리 그리며 퍼져간다

모서리를 덜어내며 홀로 작아져 가야한다

해 저물면 그림자 담고 달 뜨면 별빛 지고

아버지 교통사고로 오랫동안 입원하고
퇴원하는 날
사고 후유증에는 온천욕이 좋다는 말에
서먹한 부자는 벗은 몸을 마주했다

다정함도 애틋한 살가움도 없어
멀리했던
등에는 무수한 언어들이 별처럼 박혀있다

아직도 온전치 못한 상처자국
여기저기를 닦아드리며
등을 문지르다
그만
땀인지 눈물인지
목구멍을 틀어막는 오래된 이야기들

거뭇거뭇 지게 자국이
교통사고 상처보다
더 모질게 가난한 어깨를 파먹고 있다

철없이 밀어내며 미워한 뒷모습이 그렇하다

\>
해 저물면 그림자 담고
달 뜨면 별빛 등에 얹어
온 가족 지고 온
어깨 끝에 얹혀있는
휑한 바람소리

아버지와 아이스크림

주전부리를 싫어하는 아버지가
아이스크림을 툭 던져 놓고는
혼자만의 굴속으로 들어간다

그러 건 말 건
환호를 지르며
봉지 속에 코를 박고
입안이 얼얼하도록 단맛에 빠져 있다가

이건 뭐지
무슨 말을 이 속에 담아 온 걸까
외롭다는 언어를 숨은 그림처럼 얼려놓은 건 아닐까
이 단물 속에 꺼내지 못한 쓰디쓴 비밀이 숨겨져 있는 건 아닐까
동시에 같은 표정으로 서로를 보았다

이렇게 좋아하는
아이스크림 하나 넣어주는 그 맛 때문에
움츠린 어깨를 으쓱하는 걸까
굽은 허리 질끈 펴는 걸까

흐뭇한 외로움 즐기는 아버지
홀로
녹고 있다

하숙집 아줌마

첫 번째 주인아줌마는
밥을 안 먹으면 속상해했다
두 번째 주인아줌마는
같이 굶었다

첫 번째 주인아줌마는
하숙생이 여럿 있었다
두 번째 주인아줌마는
오롯이 나 하나뿐이었다

첫 번째 주인아줌마에게는
나 말고도 다른 남자가 있었다
두 번째 주인아줌마에게
남자는 오직 나 하나뿐이다

첫 번째 주인아줌마에게 눈물을 주었고
두 번째 주인아줌마에게는 그러지 않겠다는 다짐만 하고 있다

다 주고도 늘 부족하다 하는
첫 번째 주인아줌마는
어스름 해질 무렵

무명천 하나 걸치고 나가더니 여태 돌아오지 않는다
저녁밥이 아직 식지도 않았는데

두 번째 주인아줌마는
마지막 밥을 같이 먹기 원한다

생각만으로도 살아야할 이유가 되는 사람

여기 앉아봐
왜
우린 친구니까
어느 땐 올려다 본 하늘에 하늘이 없을 때가 있어
하늘이 보이지 않을 때 너는 생각나는 사람이 있어
올려다보고 싶은 누군가 말야
하늘이 따로 있나
너를 나를 나눌 우리가 하늘이지
그렇지 속이 답답하고 앞이 안 보일 때
시원하게 들어 줄 누군가 있으면 좋겠다할 때
떠오르는 사람이 있지 않아
있지
그럴 땐 넌 어떻게 해
생각 속으로 누군가 들고 나고
맘속에 사람이 있는 것만으로도 잘산 거 아니겠어

좁은 어깨 굽은 허리
그도 한때는 커다란 산처럼 대단한 존재였는데
힘들고 속상할 때
왜 산이 아닌 좁은 어깨가
불쑥 나타나는지 모르겠어
지금도 밉기도 하고 밀어내고 싶을 때 있는데

그럴 때면 눈시울부터 붉어져
그때는 어떤 고집도 모진 맘도 먹을 수가 없어
그가 나타나면
안 되던 일이 거저인 것처럼 풀릴 때도 있거든
이제는 그분 만큼 나이 들어가니까
돌아누운 남편이 그렇게 보일 때가 있어
그분으로 보였다가 밉상으로 보였다가
산으로 보였다가 아니었다가
안쓰럽기도 하고 가슴이 저릿해져오는 사람
어려서는 그분으로 살고
나이 들어서는 그분 닮았다고 속으로 다독이는
그로 사는 것 같아

노을 사이로 보이는 하늘에
눈부신 하루의 끝이 하도 찬란해
눈물이 흐르는 줄도 몰랐어

지나간 아픔도 웃음으로 바라보게 하는 사람

마중

여느 때의 연기는 늘 하늘로 오르지 못하고
낮게 퍼지다 스러져 바람이 되곤 하였는데
막, 동네 어귀에 들어섰을 때
굴뚝은 하늘로 높이 피어오르고 있었다

어머니는 언제나 혼자만의 동굴이 되어 준
아궁이 앞에만 앉으면 한숨처럼 편하다 하였다
아궁이는 제 속을 다 열고
어떤 볼멘소리도 들어주고 발설하지 않았다

솔가지는 투두둑 제 생 사그라져가는 소리를 내며
부엌 가득 향을 쏟아놓고는
뜨거움은 숨겨야 된다고
불꽃을 보이지 않아야 된다고 하며
꺼지지 마라 더 깊이 타라 재가 되라하였다
아버지는 솔가지를 잘라 엄마 옆에 놓아주고는
알밤 몇 개 허리춤에서 꺼내
앞니로 껍질 한 쪽을 벗기며
슬쩍 샛문 틈을 살피다가
발갛게 익은 불더미 속에 묻고는 다독였다

노란 속살을 발라 어머니 입에 넣어주며

다시 문 쪽을 엿보던 알밤 같은 눈
어머니 볼이 솔가지 숯처럼 말갛게 곱다

아버지 가시고
또 몇 해가 굴뚝 길 따라 타오르고
사위어가는 어머니 지우지 못한 기억 아직 남았는지
허공을 붙잡고 있는 야윈 눈

따뜻한 몸으로 그에게 가고 싶은 걸까
연기가 되고 싶은 걸까
그 뜨신 아궁이
속살 같던 이야기들이
굴뚝 길 따라 하늘로 오르고 있다

2부

하늘의 허파가 되어 보았는가

은하수를 잃어버리고 북극성마저 빼앗길까
검은 비를 토해내는 하늘

별이 뜨는 바다
구름이 풀어진 제 살을 깁고
거꾸로 처박힌 폐선 위로 하늘이 지나간다
밤새 뒤척이는 퍼런 살갗 위로
자산어보에도 나오지 않는
수만의 페트병어*들이 지느러미도 없이
제 몸뚱이보다 큰 부레를 배 밖으로 드러낸 채
막무가내 헤집어 다니고 있다

고래는 바다 깊음을 두려워하지 않는다
더 멀리
더 깊이 들어가야 겨우
하루가 있음을 본다
자맥질 한 번에 바다가 자전을 하고
쉼 없이 온 몸 솟구쳐내야 막힌 숨 뚫어낼 수 있다

바위 틈 깊숙한 곳에
알을 깐 새우가 노산에 힘이 부치는지
물 그늘에 수염을 드리우고 늘어져 있다

>
생과 죽음을 담고 있는 바다
태풍을 불러 배알이하는 속 뒤집어
엎힌 세상 게워내야 한다

하늘에는 아직 이름도 짓지 못한 별이 지는데

* 페트병을 물고기로 표현

나, 한 번도 조연처럼 살지 않았습니다

큐 사인을 보내도
내가 오케이 하지 않으면
아직 막이 오르지 않은 겁니다

이제 막 리허설을 끝냈습니다
엑스트라 조명 카메라가
조연이 되고 배경되어 나를 시작할 겁니다

만석인지 대관료가 얼마인지
몇 회 연장인지
까짓, 출연료 따위에 신경 쓰지 않겠습니다
감독 카메라 관중들 눈치도 보지 않을 겁니다
대본이 없어도
컷. 외쳐도 갈 거니까요

아프고 시린 연기 더는 하지 않겠습니다

마지막 무대는 어떻게 펼쳐질지
아무도 알 수 없습니다

다시 다음이 없는
언제나 처음이며 연습이 없는 무대

막이 내려지기까지 역할은 계속됩니다

거기
아직 한 번도 씌어 지지 않은 내가 있습니다

바다로 간 남자

그녀를 보았다고요
그게 언제요
거기가 어디요

고개를 몇 개 넘어
산허릴 돌아 내려가면 외딴집이 하나 있소
길이 험하여 파도를 타듯 차와 한 몸이 되어야할 거요
지루한 목을 내밀 때 쯤
달려드는 바다를 만날 거요

파도가 잦아드는 끄트머리에
물결을 치마폭에 죄다 퍼 담은 것처럼
슬픈 눈을 가진 그녀가 거기 있을 거요

산그늘이 지붕을 지우며 내려올 때
버스에서 내린 남자를 삼킨 먼지는
모퉁이를 빠져나가고

울타리 너머로 하루를 마감하는 여자
눈가에 패인 파도 골처럼 깊은 저 그늘은

누구나 저린 이야기 하나쯤

가슴에 묻고 그렁그렁 사는 거지

그녀와의 과거는 거기 그대로 남겨 둔 채
떨어지지 않는 걸음 주섬주섬 주워 담아 돌아서오는데
앞을 막아서는
귀에 익은 발소리

숨이 멎은 듯 파도는 잦아들고

그날 밤에

먼저 떠난 남편을 위해 기도하겠다는
기막힌 사연을
여자라는 이유만으로 거절할 수는 없었다

벽 하나를 사이에 두고 방을 차지한 그녀는
남편이 곁에 있기라도 한 것처럼
속살거리며
서방님 오늘 밤은 달빛 고즈넉한 뜰을 걸어요
지금 마중 나갈게요

어떤 유혹도 마른 막대기 보듯 하겠다던 장담을 비웃듯
홀로된 절절함을 창틈으로 밀어 넣고는
어떻게 살아야 되느냐고 답을 물으며
문을 나서는 여인의 치마 끄는 소리

달빛 내려앉은 탑을 도는 소슬한 걸음 사이로
저고리 섶을 들추며 스며드는 살빛 자태에
혼미해지는 노승의 밤

문틈 엿듣다가
자신도 모르는 사이
목탁을 떨어뜨리고

소스라치는 면벽 삼십 년

자루 빠진 도끼에 박히는 삿된 마음

틈을 보인 삼십 년이 무너지는 데는
삼일도 길었다

달을 깃다

물속에 잠긴 달을
건지려고
손을 넣었습니다
손결에 출렁이던 달이 모자이크처럼 부서집니다

가만히 손을 모으자
잠잠해진 물속에서
퍼즐처럼 맞춰지며
다시 말갛게 떠올랐습니다
아이는
흔들리는 가슴 때문에 애가 탑니다

두근두근 두 손으로
건져 올려
그릇에 담았습니다

어른은 어리석다고 헛웃음 짓고
아이는 하늘로 올라갈까 서두릅니다

기대며 스며드는

햇살이 아침에 기대어 하루가 옵니다
바람에 나무가 기대고
구름이 굴뚝에 기대고
높이 나는 새의 날개 죽지 위에 하늘이 기대어 하루가 갑니다

젓가락에 입술을 기대고
귓가에 말을 기대고
눈물이 웃음에 기대고
걸음이 길 위에 기대고
길의 끝이 언덕 너머 다른 길에 기대어 갑니다

머리에 가슴을 기대고
아픔을 기대어 친구가 되고
너의 다름을 나의 다름과 기대고
그녀와 그가 기대고
향기에 기대어 꽃이 피고
여름에 기대어 가을이 오고 봄에 기대어 겨울이 가고
낯섦에 기대어 익숙함을 안아봅니다

사랑하면 별에 기대고
사랑이 떠나가면 달에 기대고

미운 이의 등이 노을에 기대고 저녁이 옵니다

누군가에게 기댄다는 것은
그에게 스며드는 것입니다

아내

긴팔 셔츠를 입고 나서는 아내
이 더위에 웬 긴 옷
얼른 팔을 쓸어 담아 소매 속에 우겨 넣는다

돈가스를 매일 백장씩 튀겨내야 겨우
하루를 다 해냈다하는 사람
끓는 기름이 맨살을 할퀴고 지나가자
찬물을 끼얹고는
덴 살에도 튀김옷을 입혔는지 일에만 골몰하고 있다

자신은 없는 사람처럼

저문 하루
데인 팔뚝을 길게 늘어뜨리고
하루치 보상을 헤아려본다
계산기는 그만큼의 숫자 밖에 모르는지
어제 보다도 못한 동그라미를 보여주며
야박한 얼굴을 하고 있다

아픈 팔뚝보다 서운한 대가에
또 데였는지
애써 참는 모습이

계산기 숫자만큼 아슬아슬 하다

꾸밈없다고 꿈도 없는 거 아닌데

그녀에게 가는 길

얼마나 많은 곁길을 서성거렸던가
얼마나 많은 엇길에 서있었던가

단 한 번의 공전을 위해
무수히 자전을 해야만 했다

수없이 언 발이 되고 나서야
봄을 맞을 수 있었다

그 많은 헛발질
헛디딤이
넘어짐이
길이 되었다

남편

지지직
검은 냄새를 남기고
붉은 쇳물이
질그릇 웅덩이 속에서 울어대며
군살을 떼어낸다

몇 번을 더 지저대고 달궈져야
얼마나 많은 망치질을 견뎌내야
날선 낫이 될까
무딘 땅 헤집을 호미가 될까

얼마나 더
옹색한 소견머리 두드려 떼어내야
답답한 속
열어 줄
가슴 하나 벼려낼까

그때의 그 애

엉덩이에 슬리퍼 자국이 남아
나이를 먹어도 지워지지 않는다

해결되지 못한 상처를 남겨둔 채
결혼하고
첫째 낳고
공원을 산책하다 올려다 본 하늘 너머
사이 길에서 만난

그녀의 어렸을 때를 생각해 본다
이제 나도 엄마가 됐는데
처음 엄마 됐을 그녀의 그때를 손꼽아 보니

아이가 아이를 낳고
얼마나 당황스럽고 무서웠을까

그 나이에 시집식구 뒷바라지 한다고
언제 누웠는지 일어났는지
노릇이 무언지도 모르고 허둥댔을
지금의 나보다 어린 그때의 그 애를
언니되어 만나

\>
소심한 슬리퍼 자국 지우고 안아주고 싶다

그때의 어린 엄마랑
나이 더 먹은 딸이
언니 동생으로
찌릿,
감전 당하고 싶다

어머니께 가는 길

그 길에 밤새 눈이 내렸다
갈까 말까 핑계 대던 마음
편들어 주려는 듯

낳고 자라 내 몸 같은 고향
눈물로 등지고
남편을 고향삼고
자식이 또 다른 고향이 된

어머니는 아픈 고향이다
고향은 어머니의 아린 눈물이다

못가면 못간 만큼
안 뵈면 안 뵌 만큼
뵙고 오면 뵙고 온 만큼
가슴이 아리다

제 위안으로 제
안심으로
선심 쓰듯 도장 꾹 찍고
도망쳐 오는

\>

어머니는 홀로 스러지는 고향이다

고향은 평생 가슴에 사는 어머니다

마음 잇고 눈물 싣고

안내 방송도 하기 전에 플랫폼에 내려간 노부부
외진 쪽 의자에 앉아
마주잡은 두 손이 더없이 정겹기만 하다

얼굴에는 노여움과 수심이 가득한데

서산으로 가는 기차가 먼저 도착 하자
할머니를 부축 하고 뒤따라 오른 할아버지
무슨 말인지 띄엄띄엄 주머니에 넣어주고는
맥 풀려 내려오더니
휘청, 온 생을 떠나보낸 것 같은 걸음이다

나이만큼이나 숱한 이별을 치렀을 텐데
세상을 다 잃어버린 사람처럼 한참을 허둥대다
큰 딸네로 가는 반대편 하행선에 겨우 올라
급하게 전화기를 꺼내들더니
헛기침만 해댄다

다시 만나자는 말도 같이 살자는 약속도 할 수가 없다
전화기 너머로 할머니 한숨 소리만 떨고

보냄에 더 익숙한 플랫폼

그 많은 헤어짐을 실어 나르고도 어찌 그리 멀쩡한지

공부도 잘 하고 듬직하여 서울로 올라가던 큰놈
홀로 보낼 걱정에 몇 밤을 앓았는데
자랑으로 보냈던 자리가 바로 여긴데

마지막 세상 배웅은 내 집 내 터에서 같이 하자 했건만
큰 아들 사업 부도에
죽음보다 더 아린 이별이 늙은 생을 갈라놓고 있다

대문

오래되어 닫혔는지
열지 않아 갇혔는지
본디 파란 얼굴이었을 터인데
벌겋게 바랜 모습이
화난 표정 같기도 하고
오래 한 자리만 지키느라 굳어버린 것 같기도 하다

기다림의 색은 녹슮인가

빗물이 그어놓은 밑줄 따라 꽃이 피었다
녹물 들어 점박이 된 꽃잎

동굴에 든 아흔 살은 녹슨 대문일까

아직 그 마음은 저 꽃일 텐데
드는 이 나는 이 없어
열려있어도 잠긴 설움
불러도 대답 없는 빗장

꼬깃꼬깃 세상 답장 쓰는 날

그때, 열리려나

마침표.

기억 먼저 보내면 다시 만날 수 있을까요

푸성귀처럼 시들어가면서도
비밀로 해달라는
마른 가슴
이제 좀 살만해졌는데

홑이불처럼 구겨진 등 안아봅니다
부서져버릴까 차마 당겨 안을 수도 없습니다
오래된 기억에다 오늘을 뒤섞은 이야기에
울컥,
소가지가 납니다

얼마나 더 가벼워져야 되는지
놓을 수 없다며 그렇게 아끼던 것들조차도
하나 둘 떠나보내고
결국 당신마저 다 내보내고 껍데기뿐인데
흉한 모습만은 들키지 않으려는 몸짓

하나씩 지워져가는 그녀의 날들
이제는 당신 이름도 잊었나봅니다
그러면서도 절대 지울 수 없는 가슴 하나 남았는지

한 번도 부르지 않던 이름 오물오물 입안에 두고

자식들과 보낸 세상이 가장 아름다운 풍경이었다며
언뜻 돌아온 기억에
오직 그 이름 하나만 담고 떠나갑니다

도저히 받아들일 수 없는
마침표.

3부

잔액이 부족합니다

눈치 없이 큰소리치는 카드기 소리에
노약자석이
실눈을 떴다 감는다
다시 대보고
가방 속을 뒤져봐도 동전 하나가 없다

죄송해요
다음 정거장에서 내릴게요

어디 가는데
학원이요
내려서 걸어가게
멋쩍은 얼굴이 차창에 얹혀가는 해처럼 붉다

내일 또 탈거잖아
그때 내
어쩔 줄 몰라 하며
빈 지갑처럼 허리를 접어 인사한다

다음 정류장에 멈춰 선 기사아저씨
학생 이리와
손 내밀어 봐

공부 잘했을 거 같아 보이는
이황선생 두 장을 쥐어주며
집에 갈 때 차비해

매일 타고 내리는 버스
고맙다고 인사 한번 안 했는데
돌아 올 버스비까지 걱정해 주는
마음과 마을을 잇고
오라이

반잔이면 어때

여자는 남자가 맘에 들지 않아
저만치 오는 모습마저도 마뜩치가 않다

다음에 연락한다고 할까
소개한 사람 생각해서 한 시간만 적선해 주자고
마음을 다독여본다

이런 날은
왜 커피가 땡기는 걸까
이래서 골초들은 담배를 끊지 못하는가보다

커피 마시는 시간만이라도 벌어보자고
찾은 자판기
한참을 헤맸는데 고장이다

따돌릴 궁리만 하며 걷는데
이 남자 갑자기 뛰어가더니
종이컵에 커피를 담아왔다
빨리 오느라 손이 벌겋게 데인 채로

반잔이 된 두 잔을 내밀며
다 마시란다

한 잔을 되내밀며
건배했다

반잔이 반에 반이 되어도 좋으니
평생 나눠 마시자며
반잔을 합쳐 한 잔을 만들자며
이제는 손이 아닌
데인 가슴으로 살게 해주겠다며
손을 내밀었다

솜리역

어느 땐가부터
그 애가 타는 역이 가까워지면
가슴이 먼저 브레이크를 밟는다

두 갈래로 땋은 머릿결 사이로 복숭아꽃잎처럼
핀
귀볼
뒤따르는 서툰 시선을
모르는 척
팔랑거리는 치마 사이를 걷는 뽀얀 종아리

쭈뼛거리며 따라오는 설익은 걸음 앞에서
매무새를 고치는 여유는
기차 안에서 차창에 비친 나를 훔치다가
흠칫,
몸을 비틀던 모습처럼
마음 한켠 열어두었다는 눈치 줌일까

고백할 말은 아직 하차를 못했는지
입안에서만 웅얼거리다 헛걸음치기를
몇 번

\>
답도 없는 고백은 소년을 키우고
대답도 못한 응답은 소녀를 성숙케 하고
멈추지 않는 기차는 그들의 꿈을 싣고
다른 세상으로 쉬지 않고 달려가고 있다

무명저고리

길이 아닌 길을 가고 말았다
배고픔 보다 나은 길이 있다는
배부른 꾐은 어떤 유혹보다 솔깃했다

역사의 굴곡진 자리마다
여자들은 어찌하여 희생으로 되어야 하는지

무엇 때문에
누구를 위해
어디로 갔는지도 모르는
무명저고리를 흐린 눈으로 기다리는 먹먹한 고향

하늘은 그때처럼 푸르건만
우중충한 그날의 악몽이 사슬되어 조여온다
떠날 때 그대로인 내 집인데
뭐가 그리 고까운지 고개를 돌리고 있다
이웃이 주는 위로가 원수의 조롱보다 혹독하다

해방이라고
광복이라고
아직도 이 더러운 흔적에 속아지가 터지는데
지울 수 없는 억울함 마르지 않았는데

>
두 팔 들어 만세를 외쳐보지만 눈물부터 나는 날
한껏 웃어보지만 뒤가 부끄러운 날
삶보다 죽음이 만들어 낸 날

돌아볼 과거 때문에 살아갈 내일 멈추지는 않았는지
보드라운 말 한 마디 없어도 굽은 길 언덕이 되었다
틀린 채로도 뻔뻔한 뒤틀린 자들을 향해
당한 자의 내일을 위해
기꺼이 나를 벗어던진 아린
무명저고리

단지 斷指

약해지지 말자
조바심치지도 말자
죽음의 사자가 이미 심판을 마쳤으니

죽음이 내 마지막 보상일지라도
네 명치끝에 끝이란 글자를 새겨주겠다

총구가 자꾸 흔들린다
적이지만 그래도 생명이기 때문인가

사람의 목숨을 뺏을 권한은 누구에게도 없지만
침략의 대가는 죽음이라는 것을 배우는 마지막 수업이 오늘이다

어찌 자유는 희생을 먹고 피어나는지
내 심장이 네 명줄과 함께 장전됐는데
무엇을 주저 하리
무엇을 두려하리
하늘이 먼저 정조준을 마쳤는데

내가 나를 단지함은 죽음도 이미 넘어섰다는 선언이다
죽어도 망하지 않을 내 겨레가 명했음이다

\>
오늘 네 이름을 지상의 호적에서 지옥으로 이감 시켜주마

눈 속에 핀 꽃

무엇을 보고 싶은 건가
무슨 말을 하고 싶은 건가
아직 때가 이르지 못했거늘
무엇이 급해 서두르는가

급한 전갈이라도 생겼는가
당황한 낯빛 내어놓지 않으면
아니 될 황망한 일이라도 있는가

세상이여
아직
저 신비를 마주할 채비가 덜 되었거든
고개를 돌리라
차라리 눈을 감으라
그게
마음을 씻는 일
죄를 덜 짓는 일

아니
저 순수만이라도
처음 빛 그대로 가만 두어라

임산부석

오랜만에 시내버스를 탔는데
앞좌석에
장애인석
초기 임산부석
임산부 배려 석 이렇게 있는데
모두 비어있다
초기 임산부석은 뭐지 산부인과 진단서가 있어야 하나

노약자석은 왜 없지 하며
장애인석에 앉았다가
미안한 마음에
임산부석으로 옮겨앉아 가고 있는데

한 아주머니가 오더니
남자분이 임산부석에 앉으면
어떻게 하냐고 나무라는 거였다

미안하다며
일어서려다 생각하니
임산부가 서 있는 것도 아니고
빈자리인데 앉으면 좀 어때서
하는 마음에
아주머니 지금 임신부 만들러 가는 중인데

美安海

뱀의 꾐에 말려든
첫 부부의
처음 범죄

네가 어디 있느냐
이름을 불렀을 그때
미안해요
이 한 마디만 했다면

미안하다고 말하면 제 잘못이 될까
그 말을 감춘
첫 사람

美안해 하고 먼저 말하면 아름다워지고
미安해 한 마디에 편안해지고
미안海 하면 바다처럼 넓어지고 해처럼 빛나는데

미안해는
정말 고마울 때 하는
속에 든 말
남을 인정해 주고 나를 낮추는 말
쉽게 해서는 안 되는 말

오래 담아두면 탈나는 말
고맙다는 말보다 더 고마운 말
美安海

어머니의 임종 앞에서 나도 모르게 터져 나오는 속울음
엄마
미안해요

눈길

내가 먼저 쳐다보다 상대와 눈이 마주치면
그 공간은
내 것일까
그의 것일까

먼저 눈길을 보낸 사람의 영역은
받은 사람의 깊이 까지 들어가
거기에 머무는 걸까
그의 눈빛을 가지고 오는 걸까

따뜻한 눈길
차가운 그것의 온도는 몇도 쯤 일까
그 온도에 데이거나 얼어버려
꼼짝 못하고 그의 중력 속으로 빨려 들어가 버리기도 하는데
그 힘의 작용은 어디에서 오는 걸까

몰래 훔쳐보다가 흠칫, 딴전 피운 눈길은
그에게 머물러 있을까
허공 속으로 사라져 버리고 마는 걸까
눈빛 하나로 그를 얼마큼 가져올 수 있을까

\>
바라보다가 거둘 때 잔상은 돌아오면서
퍼져나가 스러지기도 하고
내 속에 오래 남아
혼돈이 되기도 하는데

눈길 하나에도 수많은 세상이 있는 까닭은

합격

계단 올라오는 소리가 들렸다
어떻게 생겼을까
그 짧은 시간에 많은 궁금함이 스쳐지나갔다

가문 학벌 가진 거 따위엔
관심도 없는 것처럼 알지도 못하는 부모님 안부만 묻다가
잠간 아래층에 내려가며 벗어 놓은 신발을 보게 되었다
가지런히 놓인 아들 운동화
그 옆에 조그만 신발 한 짝이 다른 짝 위에 포개져 있다

조심스러웠을 텐데
계단 오르는 발자국 소리도 숨 죽였을 텐데
얌전해 보였는데
뒤를 살필 새도 없을 만큼 긴장되었겠지

포개진 신발을 보며 피식 웃다가
그래, 인생은 포개며 포개지며 사는 거지
그걸 못해 어려워진 관계들이 얼마나 많은데
그까짓 신발 벗는 게 뭐가 중요해
포개져 있으면 어떻고
계단 밑에 떨어져 있으면 또 어때

\>
얼마나 소탈한가
남 눈치 안 보고 나대로 사는 거지
됐다. 너는 둘도 없는 내 아들 짝이구나

내려올 때 당황스러울까봐
가지런히 뒤꿈치를 맞춰놓고는
은근히 걱정했던 마음도 내려놓고

합격

대작對酌

잊혀졌던 것
오래 된 것에 감동한다
어릴 적 친구

너 여전히 줄무늬 셔츠를 좋아하는구나
그 말에
과거로 돌아가 버린 친구는 글썽함을 잔에 채운다

십수 년을 가슴에 우겨넣고 만나
너 그때 퇴근하며
골목 끝 모퉁이 집에서 먹던 김치찌개
아직도 좋아하냐
난 어디가든 김치찌개만 보면
찌개 속에서 말 거는 너와
건배하잖아

밥은 먹었어요

사랑한다는 말은 오글거렸고
고맙다는 말은 입안에서만 오물거렸다

그렇게 오래
아주 오래 살면서
모든 말을 뭉뚱그려 하는 말

보고 싶다는 말
걱정 된다는 말
마음 전할 따뜻한 말은
눌러 두고
내놓는 엉뚱한 말

이제는 내가 먼저 물어 볼게요
밥은 먹었어요

아파서 더 향기로운 이름

출발부터 불공정한 경기에
누구에게든 속울음을 퍼붓고 싶은 그렁한 가슴

쪽빛 바다처럼 하늘을 담고
별을 바라며 이름 없이 살아도 좋았다

다 자라기도 전에
몹쓸 것을 제 몸에 들인 내 아이
아픔이 여린 몸 헤집을 때면
그것이 얼마나 모진건지 물을 수도 없어서
가슴이 오그라붙는다
이만큼 아팠으면 멈출 줄 알았는데
이만큼 울었으면 그만 이 눈물 닦아줘도 될 텐데
언제까지 이럴 거냐고 따져 묻고 싶다

너를 다시 지어낼 수 있다면

현실에 매이지 말고
슬픔에도 낭비하지 말자
기적이 일어나지 않는다 해도 좋다
네가 이미 기적이니까

\>
엄마는 힘도 없고 용기도 없어, 하지만
너한테는 다 할 수 있지
불공정한 경기면 어때
더한 것도 넘을 수 있어
그것이 뭐가 두려워

넌데

함박꽃

어머니가
생전에 기르시던 꽃을
그대로 옮겨다 심었다

한 해도 거르지 않고
매년
어버이날 즈음에
우리 형제 숫자만큼
딱
일곱 송이씩 꽃을 피운다
함박웃음으로

자식이 보고 싶어 꽃으로 피는 걸까
그 웃음으로
자식 만날 날을 기다리는 걸까

4부

부모를 소비하라

교육의 소비자가 돼보지 않고
가르치겠다고
신앙의 소비자가 돼보지 않고
거룩하겠다고
음식의 소비자가 돼보지 않고
맛을 팔겠다고
멋의 소비자가 돼보지 않고
옷을 짓겠다고
음악의 소비자가 돼보지 않고
노래를 하겠다고
정치의 소비자가 돼보지 않고
국민을 사랑하겠다고

우리는 부모의 소비자였고
사랑의 사용자였기에
그것을 생산해낼 수 있고
사랑을 소비해 보았기에
부모가 될 수 있었다

자식을 낳지 않으려는
이유는
그들의 부모가 부모를 덜 소비해서

그 노릇을 배우지 못해
어미되고 아비되는 것이 무서운 것은 아닐까

순교자

나는 냄새나는 통속이나
한쪽 구석에 처박혀 있다가
더럽고 지저분한 곳이 생기면 소방차처럼 달려간다

온 몸 들여 그곳을 닦아낸다
맨살을 덜어내며
더러운 곳을 닦으니
누가 뭐래도 그곳 보다는 깨끗하다

수건은 깔끔하게 보관돼 있다가
세탁될 때도
안주인 속옷과 한 통속에 들어간다
제 몸이 더러운데도 깨끗한 것을 닦으며
너는 빨아도 걸레라며 무시한다
저도 때 찌고 헤지면
내 신세가 된다는 걸 모르는지

어느 땐 사람보고 나 같은 놈이라고 할 때도 있다
내 이름은
더러운 버림받은 쓸모없는
무시하는 욕으로 쓰여 지기도 한다
아무데나 아무렇게 놓여 져도

내 살 헐어
그 상처로 더러움을 닦아내는데

뻥튀기

월급은 통장을 스쳐지나
그곳으로 갔다

십 만원을 주면
곱하기 백을 해주고
병든 몸을 주면
성한 몸과 바꿔주고
죽은 몸은 삼일 안에 현금으로 부활시켜 준다는
흥부네 박 터지는 소리에
마누라 입이 헤벌쭉하다

그녀를 처녀로 환생시켜 주는 보험은 없나

섬

제 몸뚱이를 야금거리는 바다를
한 번도 움츠리지 않았다

파도의 거친 발톱 질에도
그를 다독여 음표를 지어주었다
네 쉴 곳은 여기니 맘껏 소리 내며 노닐다 가라고

제 살결을 내주고 파도의 노래가 되었다

찢어진 음표를 바람에 기워 곡을 짓고
현실과 상상을 물질하여
파도가 그려 준 악보를 하늘에 담아 생을 부른다

절벽이 되는 일이 무서운 것은
파도가 오르다 떨어질까 염려스러워서이다

할퀸 상처에 곡을 쓰리라
씻긴 생채기로 노래하리라

파도에 빠져 이글거리는 태양을 지휘하여 솟구치리라

구애

짝을 부르는 소리가 노골적이다
온 동네가 더워지는 이유다
햇빛도 슬쩍 그늘로 든다

가뜩이나 더운 날
타는
저들의 사랑은

구애의 소리 내밀할수록
끓는점이 높다

날개 짓이 농염할수록
소리는 굵고 낮게 흐른다

한 옥타브 높여 부르면
그 사랑

서둘러올까

첼로

손끝으로 현의 비늘을 쓸어내리며
소리를 벗겨낸다

깊이 떨어지는 고요
여인의 곡선을 닮은 허리
그 틈을 비집고
굵고 무딘 남성이 느리게 걸어나온다

웅장하고 예리하다
고독한 사내를 함부로 무너뜨려

천둥처럼
느린 골목처럼
호령하는 사령관처럼
동백 꽃송이 툭 지듯
가슴 하나 쿵 떨어진다

마지막에 듣고 싶은
직선으로 꽂히는
곡선

한 잔 어뗘

날 좀 보아달라고
한 잔 핑계 삼아
답답한 속 보이고
기대고 싶은 겁니다

술이 사치는 아니잖아
나를 들려주고 당신에게 취하고 싶은 날
술에 견줄만한 것이 또 있을까
당신이라면 말 하지 않아도
한 잔으로 통할 거 같아서 청하는 겁니다

외로운 잔
홀로 가슴에 두게 하지 않기 바랍니다
쓴 잔
홀로 넘기게 버려두지 말기 바랍니다
당신이면 풀어 줄 거 같아서
당신이면 다 될 거 같아서
손 내미는 것이니
어깨를 걸고 나를 들고 당신을 보여주기 바랍니다

아픈 얘기 힘든 얘기면 어떻소
그게 내 모습이고 그것이 우린데

더 듣고 더 나누고
그렇게 가는 거지
그렇게 사는 거지

내 모자람 때문에 잔이 비고
당신이 있으므로 한쪽으로 기울지 않는 우리

한 잔

두 병을 가져다 놓고
한 잔 하자고 한다
시작이 한 잔 부터라서 그런가
마시는 양을 감추기 위해서인가

열 병을 마시고도
한 잔 했다고 한다

딱 한 잔이
딱 한 잔인 적은
딱 한 번도 없다

한 잔 하자는 약속은
헛 약속일 때가 많지만
그것이 살게 한다

느린 골목

따라갈 수 없는 세상에 채인 굼뜬 걸음들이 모여든다

지치고 소외된 사람들이 가쁜 걸음으로 들러
안주가 나오기도 전에 후딱 취하고
엉킨 혀로 돌아가는 좁고 헤진 골목

가난하지만 외롭지 않은 사람들이
남기고 간 경험의 부스러기들이 방향이 되고 길이 되는 곳

어떤 이는 병째 원샷을 하고
허공을 향해 연신 건배를 외치며
채이고 눌리고 밀려도 기는 죽지말자고 한 잔
당하고 주눅 들어도 비겁하진 말자고 한 잔 더
여기서만은 한 편이고 같은 언어를 쓰는 깐부니까

내일도 일할 수 있게 해달라며 건배

잽싸고 약아서 배부른 것들은 제때 멈출 수 없어
다 보지 못하고
더 듣지 못하고
기름 찐 배를 뒤로 내밀고 앞만 보고 달린다

죄탁 비누

잘못 한 덩어리 숨겨놓고 고해성사 한 것처럼
속 때는 벗겨내지도 못하는 세탁기를 버렸다

손으로 치대는 느낌이 좋다
비누칠 몇 번에 시커먼 때가 줄줄 빠지는 걸 보며
마음까지 세탁된 기분이다
잘못하면 참회 하고
죄 지으면 고해하고
삼천 번을 엎어져야 면죄 받는다는 그런 벌칙 같은 기도 말고

비비고 치대고 탈탈 털어
바지랑대 높이 널어 두면 먼지처럼 날아가 버리는
비누는 없을까

제 몸 덜어 다른 더러움을 벗겨내는
비누 한 장

부처님 오신 날

혹시라도 안 오실까 채근하는 소리인지
죄인들을 부르는 소리인지
부자들만 부르는 소리인지
염불 소리가 온 산을 감싸고 마을 어귀까지 내려온다

문전박대 당한 부처가 맨 끝줄에 겨우 서있다

부처는 돈이 없고
절에는 부처가 없다
어버이 날 바빠서 못 온다던 자식들이
앞줄 꽁무니에 코를 박고 연신 절하고 있다
무얼 구하는 건지
네 부모가 부처니 거기 먼저 가보라는데도

절 몇 번으로 면죄된다면
어푸러진 만큼 복이 내려온다면

지난 부활절 예수 줄에 섰던 조 집사도 보인다

부처만 모르는 거래가 뜨겁다

하루 종일 되돌리기에 염불 소리는 목이 쉬고

챙길 거 없는 때깨중들 주둥이가
목탁 볼때기처럼 볼록하다

부처만 없는 부처님 오신 날

너를 만나기 위해 아파도 좋다

햇볕과 바람과 나무
그리고 별은
서로 다른 나라에 살고
다른 언어로 말한다

통역 없이도 알아듣고
너를 듣고 나를 이야기하고 마주보고 웃는다

나무는 바람을 껴안고
햇볕과 날씨 소식을 듣고
별이 내려와 편히 앉을 만큼 높아지길 기대 한다

꽃이 되기 위해 아파도 좋다
아픈 만큼 더 고와질 테니까

애쓴 만큼 행복이 와 줄까
내 마음에 하늘을 열면
그대 두 눈에 별이 뜨겠지

빛과 어둠 사이로 별이 흐른다
너를 만나러 가는 길 구부러져도 좋다

여향餘響

오십년 자란 나무가
어떻게 백년 그늘을 알 수 있겠어

오래 담금질한 종은
천천히 산을 내려가
마을 전체를 휘감으며 퍼져가지
소리는 사라지지 않고
가슴에서 혼돈이 되기도 하고
오래 머물며
고요가 되기도 하지

처음 소리는 점점 작아져
마지막엔 여운만 남게 되지
최고의 소리는 그쳤을 때
비로소 여향餘響이 되어야 해

가슴에 머무는 소리는
마지막 울림마저 사라진 그때 아닐까

그늘진 사람은 어두워 보이지만
그늘을 가진 사람이 여향이 있지

그늘은 무엇이 만드는 걸까

부록

불혹을 지나고 나니
부록이 되어버린 거 같다

아들에게 밀린 지는 벌써 오래다

그렇다고
기죽을 건 없잖아
후배에게 밀린다면
다른 내 길을 만드는 거야

부록이
건질 게 더 많을 때도 있어
특별하다는 표시 아닐까
끼워 넣기도
꼽사리도 아니잖아

아직 찾아내지 못한 진짜 나는 불혹을 지난
지금 이
부록 속에 있는지도 몰라

5부

너는 나의 또 다른 고향

이 동네 저 골짜기
생각도 다르고, 보고픈 것도, 되고 싶은 것도 다른 너
동무되고 짝꿍 되었다
칠푼이 팔푼인 줄 알았는데 보석이고 꽃이다

까막눈이나 뜨여보자고 모여든
어중이들은 낯선 교실이 싫었고
떠중이들은 선생님이 무서웠고
머슴애들은 궁상맞음이 저랑 똑같은 계집애가 궁금했고
계집애들은 코 찔찔이 머슴애가 싫었다

묻지도 않고 동무가 되어 준
그, 너가
갸, 내가
이 모진 세월을 안고지고
남편은 뭐 하냐고,
마누라는 그대로 그 여자냐고 물어 볼 것도 없이
지금도 우린 여전한 친구 아닌가

잘난 것이 무엇이냐
잘 사는 것이 무엇이냐
지금까지 살아온 내가 잘난 것이고

지금까지 살아 낸 네가 잘 사는 것이지

자식이 또 자식을 낳아 할미되고 할애비 되었지만
친구여 그대가 진정 나의 고향이고, 역사이며
내 이야기 속 주인공이지

세상을 알고, 하늘을 알고, 바람을 알아
가장 사랑하기 좋은 나이
이제 겨우 사는 맛을 알아낸 나이
부러움 되고 따름이 되고 이정표 되어
더는 늙지 말고 아프지 말고 죽지도 말고
어깨 펴고 허리 펴고 주름 펴고 세월 펴고 일어나
일천구백 육십 오년 처음 만난 왕암 궁민핵교
1학년 그때로 돌아가자

일학년으로 만난 지 환갑이 된 지금
다시 흐드러지게 피어 세상을 물들여보자
푸지게 살아보자
내 잊지 못할 가슴 속 이름이여
너는 나의 또 다른 고향

오래 가까운 여자

내가 만난 사람 중 가장 오래 된 여자
야, 라고 하며 너, 라고 불러도 이상할 거 없는 여자
만난 지 육십 년이나 되었어도 질리지 않는 여자
얘기 꺼리가 많아 흉도 허물이 아닌 여자
가끔 제 남편 흉을 보다가
움찔,
내 허물을 제 남편 책잡듯 하는 1학년 때 담임 같은 여자
오래 반가운 여자
이 자식을 그때 잡았어야 했는데 하며 속으로 후회하는 여자
마누라와 함께 시장에서 만나도
눈치 없이 어묵 꼬지 입에 넣어주는 여자
서로 먼저 문상 가겠다고 하면서도 오래 살라고 하는 죽기 싫은 여자
곁에 둘 수 없어서 다행인 여자
문화재 같은 여자
박물관 같은 여자
고전 같은 여자
아직 죽지 않은 여자
명 긴 것들끼리 오래 남아서
내 흉 보다가
그래도 그 자식이 보고 싶다며 찔끔거릴 여자

다음 생에도 동창할까
묻다가
먼저 어깨 걸며
니가 동무여서 좋다는 여자

다시

환갑을 맞을 때만 해도
아직 멀었어하며
자식들이 보내주겠다는 여행도 쑥스러워했다

아직 청춘 같은 이여
지금 시작해도 늦을 것 없는 나이 아닌가
어디를 가도 뒤질 것 없는 그대
무엇을 해도 못할 것 없는 기개

그대 세상의 문을 여는 이여
뭉클한 소원이 멈추지 않는 이여
은퇴는 또 다른 출발선 앞에 서는 것
첫 출근 때보다 더 설레지 아니한가
그 떨림이 그대를 이끌 것이요
그 설렘이 다른 시작이 되리라

나이는 세상이 나누는 숫자일 뿐
주저치 말고 두려워 말고 어른이 되라
무리 속에 있으라
그들을 들고 그 어깨를 걸라

그대 가을 들판 같은 이여

생각만큼 무거운 건 없으니
미루고 아끼며 핑계대고 못했던 것 지금하자
다시 일어나
늙음을 병듦을 탄핵하고 오늘을 살자

다시

가슴이 먼저 대답하는

전화번호 저장고를 열어 본다
이름 하나하나에
그 사람이 그려진다
이름이 곧 사람이다

이 사람은 제 자랑만 늘어놓기에 저장만 해놨고
이 사람은 힘 좀 쓰는 거 같아 앞줄에 앉혔고
이 사람은 둘도 없을 것 같아 따로 저장해뒀는데
전화는 커녕 문자 한번 가고 온 적 없다
명함처럼 버려진 이름들
이 사람은 기억도 없는데 왜 들어와 있는 거야
내 이름도 어디선가 집도 없이 떠돌고 있겠지

산에 가자고
자전거 타자고
한 잔 하자고

잘나지도 못생기지도 않은
그의
번호에만 덕지덕지 지문이 찍혀있다

은근하게 불러내는 그

들뜨게 하지 않아도
만난다고 다를 것도 없는
그가 부르면 거절 못한다

오줌발

옆에서 내려다보던 친구
아직 실하구먼 하며 말끝을 흐린다

오줌이 빨리 나오지 않는 걸 보더니
그러면 그렇지
혀를 차는데
너도 별수 없구나 하는 안도의 소리로 들린다

오줌발은 사내들의 자존심이며
과시다
유치하지만
대놓고 자랑 질하고 움츠리고 숨긴다
늙어서까지 허풍꺼리고 한숨꺼리다
한 놈이 예순에도 화장실 창문을 넘겼다고 허풍떨자
다른 놈이 하늘을 향해 쏘았더니 무지개가 떴다고 너스레를 떤다

남자들이 흘리지 말아야할 것은 눈물만이 아니라는
소변기 문구에
움찔
가랑이를 적시고 말았다

\>
점잖은 척 잘난 척 해봐야
오줌발 하나에도 뒤가 캥긴다
쉬쉬 하는데
여자들도 다 아는 비밀이다

서면 살고 누우면 죽는
남자들만의 전쟁이고 권력이고
남근인 이유다

압력밥솥

뜨거운 김 뱃속 가득 담고
후끈 달아오른
밥솥이 가쁜 숨을 토해낸다

가스불을 낮춰야 하는데
저러다 다 태우는데
생각은 가물가물 몸속으로 젖어들고

쌀 속 깊이 배어든 열기
소리가 깊어질수록 맛있어지는 밥알들
다급해진 밥솥은 자지러질 듯 비상상황임을 알리지만

이러면 안 된다고
지체 없이 가스 불을 꺼야 된다고 버둥거려 보지만
가빠진 몸은 알바 아니라는 듯
더 깊이 세상의 모든 소리를 틀어막는다

밥도 타고
숨도 타는데
곤죽이 되어가는 갈증

작은 몸짓만으로도 세상이 멎을 듯

자꾸만 몸 밖으로 밀려나는
밥물 같은
숨

시선

소리는 단순함을 넘어
깊은 감정까지 벗겨지게 했다
눈이 먼저 소리를 찾아간다
보이지 않았지만
맞은 편 거울이 그려내는 뒤태는 또렷했다
생각이 지어내는 그림은 더 깊이 그 이상을 벗겨내고 있다
잠자리 속 날개 같은 천이 여자의 곡선을 따라 미끄러지고
어깨선이 도드라져
살빛이 내는 광채는 강렬했으며
움직임은 조용하고 아슬아슬했다
혼자서도 저렇게 육감적일 수 있을까
스타킹을 벗으려는지 한쪽 다리를 의자 위에 올렸다
학의 자태가 저만큼 요염할까
섬세한 발목이 길고 매끈한 종아리를 타고 올라가자
탄탄한 허벅지가 맨살을 드러내고 있다
그녀의 손길이 스타킹의 실루엣을 따라
리듬을 타듯 움직이자 몸짓 하나하나를
가빠진 숨이 시선을 누른다
슬립이 미끄러지듯 어깨선을 낙하하며 돌아서자
눈으로는 감히 담을 수 없는 가슴이 드러났다
몸과는 별개인 것처럼 저돌적이다
가늘고 완만한 허리 아래로 흐르는 야린 관능

아마 곡선이 처음 저곳에서 생겨나지 않았을까
어떠한 색으로도 그려낼 수 없는 선과 선이 만나는 곳마다
무수한 이야기들을 담고 있을 것 같다
뾰족함도 헐렁함도 흐트러짐도 없이 흐르는 유려함
깊음과 밝음 음영의 모두를 어찌 한 몸에 다 담았을까
문틈 새를 비집고 나오는 은은한 곡선의 조화

대화의 스킨십

대화에도 스킨십이 필요하다
그의 말을 귀에 담고
어루만지고 껴안으며 새겨듣는다

끄덕이고 찌푸리고 웃고 다가간다
그의 입술이 흥이 나서
못 듣던 말도 하고

감췄던 것도 꺼내어 술술 보여준다
거칠고 헤져서 부끄럽다면서도

입어 봐도 되겠냐며
툴툴 털고 단추 풀어 걸쳐본다
품도 색감도 취향도 다른데
아닌 것 같으면서 잘 맞는다
그도 좋다며
다른 것도 꺼내 놓는다

가끔 바꿔가며 나눠 입자고 둘만의 비밀 옷장을 들인다

하늘은 그냥 보내지 않았어요

하루만 더 살아봐요
우리에겐 내일이라는 다른 날이 있어요
더 나은 시간이 당신을 준비하고 있고요

생명을 팔고 사는 곳이나
그것을 맡겨 둘 전당포 같은 곳이 있으면 좋겠어요
힘들 때 며칠 맡겨두고
좀 나아지면 다시 찾아다 살 수 있도록

저승이란 곳은 언젠가 가야 될 곳이니
미리 예약해 두기도 하고
매진되기 전에 먼저 구입해서
값이 오를 때 되팔기도 하고
아버지 때문에 암표가 필요한 자식이 있으면
웃돈 받고 살짝 찔러주고

하지만 지금은 아니에요
우리의 시간과 하늘의 시간은 다르니까요
알 수도 없는데 당겨 갈 필요도 없고
부르지도 않는데 먼저 가서 멋 적게 눈치 볼 일도 없잖아요

>
사는 게 좀 더디면 좀 어때요
세상에 하찮은 사람은 없어요
살아보지도 않은 날에 나를 매달지 말아요
아직 시작도 못한 별들이 얼마나 많은데
무엇이 되기 위해 산다거나
앞서가기 위해 남을 밀쳐내는 그런 인생 말고

나로 살아요

뱃살

살이 찌면 몸 안에 있는데
빠진 살은 어디로 가는지
옆구리에 붙어 웃음꼬리 흘리는 뱃살

얼마나 가벼워져야 다음 생으로 갈 수 있는지
가난뱅이도 용사도 거인도
평등으로 돌아가게 하는 죽음
겨울이면 검은 지평으로 돌아가는 들녘
높아지기를 좋아하지만
결국은 죽음이라는 수평으로 돌아간다

문득 흡, 하고 삼켰던 눈물은
어디에 잠겨 있다가 울음이 되어 나오는지
생의 한 가운데서 왔는지
죽음 쪽인지
눈물은 또 어디로 가는지
슬픔으로 가는지 상실로 가는지

죽음도 삶도 뱃살처럼 거북스러울 때가 있다

참 생

한 생이 다하는 날에는 나 자신과도 헤어지는 걸까
모든 게 끝나버려 없음으로 돌아가는 걸까

전생에 무엇이었는지도 모르는데
죽으면 다음 생이 있고
살아온 점수에 따라 나 아닌 다른 무엇으로 태어난다고 한다

전생과 현생 죽음과 환생이 반복 된다는 인생
내가 누군가의 환생이고
다시 죽고
전생을 궁금해 하고
알지도 못하는 환생을 위해 현생을 고민하고

물이 승천하여 구름이 되고
구름은 비가 되고
한때 물이었다는 사실을 모르는 비처럼
구름이었다는 것도 알지 못하는 물
허공을 달려 내려오는 비는 무슨 생으로 가는 걸까
우물 속에 담기면 잘 산거고
오물통에 떨어지면 잘못 산 전생 때문인가

＞
다른 이름을 가졌던 물이었다는 걸 모르는 비와 구름

살아서도 죽어서도
내 것 아닌 나

전생 현생 그리고 환생 수도 없이 재생해 왔을 텐데
참 생을 모르겠다

즐거운 퇴근

그렇게 많은 퇴근을 보았는데 무엇이 두려워 주저하는
걸까

삶을 퇴근해서 죽음으로 출근하여 열심히 살다가
다시 삶으로 돌아와 잘못 산 세상 고쳐 살며
또 다시 마칠 시간 되면 헐렁한 구두로 바꿔 신고
나서는 죽음으로의 출근이 일상처럼 헐거우면 좋겠다

그 길은 어떻게 생겼을까
궁금하지만 더는 생각하기 싫어
가지 않아도 되는 길처럼 저만치 미뤄 둔다
가기 싫은 만큼 무서운 길일까
알 수 없는 여행 같은 곳일까
그곳이 출퇴근처럼 일상이어서
여행처럼 다시 돌아올 수 있는 길이라면

죽음을 만나러 가는 시간도
퇴근처럼 헐거우면 좋겠다
일찍 당도하게 되면 터덜터덜 길가 쪽 주점에 앉아
막차 타고 온다는 친구를
한 잔 하자고 들떠서 기다리는 느긋한 길이면

>
그 시간에는 무얼 할까
남은 시간표를 다시 짜며
삶으로 가는 시간을 늦춰볼까 당겨볼까
친구도 왔으니
가지 않겠다고 떼를 써볼까

출장 핑계대며 대엿새 다녀와도 멀쩡한 길이 그 길이면 좋겠다
가지 않을 수도 없고
곁길도 없어
아내와 작별 인사를 나누기도 전에 먼저 도착할지도 모르는 길
한 번도 지체 되었거나 건너 뛴 적 없는 길이니
먼저 간 자들의 침묵에는 분명 발설 못할 비밀이 있을 것이다
지독한 곳이거나 자식에게조차 알리고 싶지 않은
대단한 곳인지도 모른다

퇴근을 오래 미뤄 두지는 말자
나 모르게 예정된
죽음이란 손님의 방문이 서운하지 않도록
잘 세탁된 옷을 준비해 두자

한 생이 무덤으로 가는 우울한 퇴근이 되지 않게

| 추천의 글 |

천편일률의 가편

나태주 시인

추천의 글 | 천편일률의 가편

나태주 시인

서호식 시인은 참 나에게 유감스런 이름이고 그의 시는 더욱 유감스런 작품이다. 나 자신 시골에 묻혀 살면서 시 하나를 종교처럼 고이 받들고 사는 사람이지만 서울 쪽 신문사에서 하는 신춘문예 심사를 맡을 기회는 없었다. 그런데 몇 년 전인가 서울 쪽 새로 생긴 일간지에서 신춘문예를 모집해서 그 심사를 나에게 맡긴 일이 있다. 대략 그런 일은 신문사에서 예심을 하여 어느 정도 추린 다음 종심에 넘기는 건데 상자떼기로 나에게 심사를 맡겼다. 허위허위 며칠 밤 원고를 뒤져 겨우 당선작 하나를 골라냈다. 마치 그것은 잡석 더미에서 금덩이 하나를 찾아낸 듯한 쾌재快哉였다.

신문사에서 알렸고 발표까지 났다. 그런데 시상식에 가

보았더니 당선작을 취소한다는 말을 했다. 왜 그러는 거냐고, 나는 몹시 화가 났다. 그런데 경영주의 태도는 완강했고 끝내 당선작을 낸 시인은 상을 받지 못하게 되었다. 이유인즉슨 자기들의 응모 규정이 신인이어야 하는데 당선작 시인은 이미 다른 곳에서 데뷔한 작가라서 그렇다는 것이었다. 이거야말로 옹고집이고 독야청청 독선이 아닐 수 없었다. 나는 어쩔 수 없게 되어버리고 말았다.

그런 뒤로 얼마 만인가. 지난 6월 26일, 전북 익산시의 늘봄도서관 초청으로 문학강연을 하러 갔었다. 그런데 글쎄 그 강연장에서 서호식 시인을 만났지 뭔가! 바로 몇 년 전 서울 쪽 신문사에서 내가 당선작으로 뽑았다가 취소를 당한 바로 그 시 작품을 쓴 주인공이었다. 놀랍고 반가웠다. 참 세상이 좁다고 생각하게 되었고 사람은 역시 오래 버티며 살아놓고 보아야 한다고 생각했다.

문학강연을 마치고 들으니 서호식 시인이 시집 발간 준비를 하고 있다고 했다. 그렇다면 내가 도울 길이 없을까? 지난번 당선 취소에 대한 빚을 갚을 겸 출판사를 섭외하다가 내 시집을 여러 권 내준 지혜출판사 반경환 대표를 소개해 드리게 되었다. 여러 차례 굽어지고 늦었지만 그런대로 잘 되었다 싶은 생각이 들었다. 그리하여 드디어 서호식 시인의 첫시집 PDF가 이메일로 전달되어 와 원고를 살피게 되었다.

내가 본 작품은 이 시집 첫머리에 실린 「간이역에 사는 사람들」 한 편뿐이다. 그 작품이 바로 서울 쪽 신문사 신춘문예에 당선되었다가 취소된 작품인 것이다. 그런데 내려 원고를 읽어보니 내가 신문사 신춘문예로 당선된 작품만 훌륭한 것이 아니라 모든 작품이 훌륭한 작품이었다. 이럴 수가 없는 일이었다. 폄하貶下 쪽으로 천편일률千篇一律이라는 말이 있지만 서호식 시인의 작품은 좋은 쪽으로 천편일률이었다. 모든 작품이 가편佳篇이고 성공작이었다.

이런 시인이 그동안 시골에만 묻혀있었다는 것은 중앙 문단의 수치요 문맹文盲이다. 이제라도 이 시인의 작품 전편을 우리가 읽게 되었으니 얼마나 다행스런 일인가! 한편 한편 언급할 일이 아니다. 현명하신 독자께서는 이 시인의 시 작품 전편을 읽고 이 시인을 평가해 주시기 바라고 한국시의 수준을 가늠해 주시기 바란다. 이 시인의 시 작품들이야말로 한국인의 정서를 한국말로 표현한 시 작품 가운데서 가장 아름다운 작품들이라 할 것이다. 일찍이 내가 찾은 작은 금덩이 하나는 결국 커다란 금맥金脈에서 나온 것이었다는 것을 확인하게 되어 많이 기쁜 마음이다.

서 호 식

서호식 시인은 1958년 충남 논산에서 태어났으며, 2020년 『한겨레문학』 신인상을 수상하며 작품 「만세, 연못에 들다」로 등단했다. 시집으로는 『그대에게 물들기도 모자란 계절입니다』(2021)가 있으며, 현재 전북 익산에 40여 년째 거주하고 있다. 그는 '별빛정원' 대표, '시암문화원' 원장으로 활동 중이며, '늘봄도서관 시 교실'을 운영하며 지역 문학 활성화에 힘쓰고 있다.

『꽃이 지는 문으로 피는 너』는 그의 두 번째 시집으로, 나태주 시인은 "서호식 시인의 시는 한국인의 정서를 한국어로 가장 아름답게 표현한 작품들"이라고 평한 바 있다.

이메일   ekqlc-1@hanmail.net

서호식 시집
꽃이 지는 문으로 피는 너

발　　행	2025년 7월 22일
지 은 이	서호식
펴 낸 이	반송림
편집디자인	반송림
펴 낸 곳	도서출판 지혜, 계간시전문지 애지
기획위원	반경환
주　　소	34624 대전광역시 동구 태전로 57, 2층 도서출판 지혜
전　　화	042-625-1140
팩　　스	042-627-1140
전자우편	eji@ji-hye.com
	ejisarang@hanmail.net
애지카페	cafe.daum.net/ejiliterature

ISBN　　979-11-5728-577-8　03810
값　　　12,000원

이 책의 판권은 지은이와 도서출판 지혜에 있습니다.
양측의 서면 동의 없는 무단 전제 및 복제를 금합니다.